Círculo Rojo

# Un apocalipsis en período de extinción

# Un apocalipsis en período de extinción

Laura S. H.

Círculo Rojo
EDITORIAL

Primera edición: enero 2024

Depósito legal: AL 3792-2023

ISBN: 978-84-1061-122-1

Impresión y encuadernación: Editorial Círculo Rojo

© Del texto: Laura S. H.
© Maquetación y diseño: Equipo de Editorial Círculo Rojo

Editorial Círculo Rojo
www.editorialcirculorojo.com
info@editorialcirculorojo.com

Impreso en España — Printed in Spain

# 803,7 KM

Diciembre,
5 de diciembre,
hace un año,
803,7 kilómetros
rondaron mi cabeza
como una canción,
como esa canción
con la que te conocí
aquel 5 de diciembre,
hace un año.
5 de diciembre:
este año,
ganamos aquellos kilómetros,
y en aquel momento,
en el año exacto,
sonó aquella canción,
en el momento exacto,
como cuando te conocí.
La única diferencia
es que estabas
a cinco centímetros
de darme un beso en los labios.
Pero como las canciones,
los momentos son breves
y volviste a estar
a 803,7 kilómetros
de mis labios.
Joder,
estoy a 803,7 kilómetros
de sentir tu tacto.

# ABISMO

Tengo la maldita manía de observar el horizonte;
también la tengo de asomarme desde las alturas
solo para observar el abismo que hay en ellas.
Me gusta el abismo que se encuentra en ellas.
Me hace sentir tan viva saber
que, con un paso hacia el frente,
puedo acabar con ella.
Me pone.
Por eso a lo mejor cogí la manía de observar el horizonte
desde lo alto de un acantilado.
Por eso, a lo mejor,
la primera vez que hicimos el amor
te lo hice a cinco latidos de caer en el abismo.
Pero tu abismo no me gusta,
me parece cruel.
No me pone.
Tu abismo, que quitaría la vida antes
de sacar un pie del precipicio.

# ADICCIÓN

Dos cuerpos.
Manos, lenguas.
Se unen,
se rozan,
se sienten.
Un peligro.
Tú.
Ahora que me has hecho probarte,
dime cómo lo hago para no volverme adicta.

# AFECTO

Qué podemos decir de aquello
que una persona que nos quiere
nos demuestra.
Puede hacer muchas cosas
para demostrar su amor.
Normalmente,
se hace el amor
a la persona que queremos.
Pero eso es algo romántico
y no todo el mundo nos quiere
o nos desea de manera romántica.
Algunos solo quieren tocar y profanar
nuestra piel.
Otros te la abrazan cuando
lo que hay tras ella se rompe.
Otros nos acarician las mejillas
cuando estas se llenan de lágrimas.
Otros ni siquiera les prestan atención.
Si nos damos cuenta,
siempre tocamos a quienes queremos.
Ya sea de manera erótica o no.
Pero la manera erótica
no me cuenta.
Puedo tocar a cualquiera de esa forma
y no sentir
absolutamente nada por ese ser.

Déjame tocarte
mientras cubro tu piel,
que sostendré
para que no la rasgue
aquello que rompió alguien
que solo quería tocarte.
Qué controversia.
Qué manera más extraña
de mostrar afecto.
Cúbreme la piel,
que tengo frío.

# ALMA

Que aún no entiende que con sus manos no solo me toca el cuerpo, que se llevó mi alma. La última vez que pensó que me estaba follando.

# A LOS OJOS

Necesito que me mires a los ojos.
Mírame.
Es una puta orden
cuando te lo piden con lágrimas.
Mis ojos se llenaron
al romperse.
Se han roto,
me rompí,
¿qué se ha roto?
Creo que me estoy volviendo loca.
Te he dicho que me mires.
No intentes huir de algo que tú has provocado.
Si me matas,
al menos, ten el valor
y mírame a los putos ojos mientras lo haces.

# ÁMAME

Intento ser suave,
mas pluma no soy.
Rasco como lija
para dejarte en carne viva
con el recuerdo de lo que es amarme.
Y que al final de todo el cuento
me jures amor eterno
para no volver a abrir esa herida.
Pues amor suave siempre sana.
Y yo jamás dejaré que no vuelvas a jurarme amor.

# ANTIRROMÁNTICA

Me propuse odiar todas las novelas románticas.
Todos los 14 de febrero
nunca los pasaría sobria.
Me obligué a no mirar parejas de la mano,
o el simple hecho de que alguien demostrara amor.
Y ahí estabas tú.
Romántico empedernido.
Agarrándome la mano al pasear
o robándome un beso en cada esquina.
Si al final
el único líquido que vi en febrero
fue el del jarrón
donde guardé tus flores.

# AÑICOS

Te di un pedacito de corazón sabiendo que acabaría hecho añicos.
No sé si fue inteligente o previsible que un amor como el tuyo no
merecía dejarme sin él.

# APOCALIPSIS

No escribo poesía.
O sí,
no lo sé.
Tampoco me gusta hablar de qué escribo,
me gusta que lean lo que escribo.
A veces, ni yo misma sé qué he escrito.
Tampoco escribo sobre mis sentimientos;
creo que ni yo podría estar tan rota.
Pero me gusta que sientan lo que escribo
rotos; de algún modo,
todos estamos locos.
Y qué locura sería un mundo sin sentir,
sin sentido,
sin sentimientos.
No me gusta hablar sobre ellos
ni escribir sobre los míos.
Pero escribo
porque sé que me gusta
que lean
un pedacito
de la poca cordura que me queda.
Y cariño,
si estás leyendo esto,
quiero que sepas
que jamás te querré tanto
como a la loca que me hizo amar,
romper los esquemas
sobre unos versos,
tan pobres,
como los besos que jamás te llegaré a dar.

# ARTISTA

Siempre fuiste artista.
Yo me quedé en musa.
Vendiste todos los cuadros que me hiciste dormida,
pero yo nunca vi un duro.
Pues cuando fueron lo suficiente
como
para dignarles atención,
tú ya me habías remplazado.
Musas hay muchas.
Cojones, muy pocos.

# ASIMILADO

Acércate a mí
susurrando
despacio,
sobre mis labios,
que me amas,
por última vez,
y luego vete
dejándome con las ganas de besarte,
saboreando este angustioso dolor
por una vez más.
Por favor, hazlo,
¿qué te cuesta?
No sería la primera vez,
que ya más rota no me puedes dejar.
Ya sé que todo lo que sentimos
solo fue una farsa
y que jamás fui correspondida.
Que tú solo te estabas corriendo.
¿Por qué a mí?
Yo sí me estaba enamorando.

# BALAS

Dame todas las balas con las que intentase atravesarme.
Ahora, un revólver.
Ponte delante y cierra los ojos.
Vamos a jugar a la ruleta.
Si no te gusta,
no deberías haber probado conmigo.
A mí las balas no me atraviesan.
Juguemos,
que a ti te encantaba.
Aunque, cuando se pasa de tirador
a apuntado
con un revólver
y dos balas,
no debe ser tan divertido,
¿a que no?
Tengo dos balas.
Vete otra vez
y me dejarás con una menos.

# BOMBA NUCLEAR

Jamás pensé en todas las cosas que pasan en el mundo.
Tampoco pensé que trabajar más de ocho horas
se considerara explotación.
Yo a veces trabajo más de veinticuatro.
Incluso de cuarenta y ocho.
Pensar es la mayor explotación del ser humano.
El usufructo de que tu cabeza
te obligue a pensar más horas de lo humanamente posible
te da ganas de explotar el mundo entero.

# CARPE DIEM

Me he cansado de buscar respuestas
a unas preguntas
que nunca se han formulado.
Debemos pensar en nuestro futuro
mucho antes siquiera de entender su significado.
¡Que voy a morir!
No me miréis como si estuviera loca,
que lo estoy,
pero que tú también morirás.
Venga, pregúntame lo que quieras,
que llevo formulando respuestas desde que aprendí a pensar.
Sé que no tienes cojones para hacerlo;
yo tampoco los tenía para entenderlo.
Estoy enfrente de ti,
mírame de una puta vez a los ojos.

# CONFESIÓN

—Dime, tú, ¿sobre qué quieres que escriba? —Pausé un momento mientras observaba las expresiones de disgusto que se formaban en tu rostro.

—Sobre algo inigualable —contestaste como si fuera obvio, riendo y achinando los ojos—, algo que no se haya escrito antes.

Observé las respuestas toscas que se posaban en mi mente, negué dos veces ahuyentándolas y te miré.

—¿Cómo pretendes que haga eso? —contesté como si me molestara. Entreabriste la boca para intentar contestar—. Si ya está todo escrito —hablé antes de que me interrumpieras y desaparecían todas las palabras que colapsaban mi mente—. Ya se han escrito los amores más épicos, la magia más increíble, la oscuridad más aterradora, el temor más escalofriante, la tristeza más desconsolada, la soledad más abrumadora, asesinatos, hasta de la locura de ha escrito…

—Escribe sobre ti —me interrumpiste.

Tragué en seco, paré de divagar en mi mente y te miré directo, con la mente completamente en blanco, fragmentada.

—¿De mí? —pregunté en un hilo de voz, lo suficientemente audible para que asintieras y te acercaras.

Posaste tu mano en mi pecho mientras encontrabas mis ojos en los tuyos; los míos, seguramente, llenos de lágrimas y de temor.

—Concretamente, sobre tu corazón. —Me sonreíste y te observé sin expresión, dudando—. Nunca he visto a alguien tan aterrorizado de escribir sobre sus propios sentimientos como a ti —concluiste señalando mi pecho, como si allí estuviera la solución.

Notaba las lágrimas presionando mis parpados.

—No es algo puro o romántico o…

—Sh. —Posaste tu otra mano sobre mis labios—. No necesitas eso —me aseguraste transmitiéndome paz—. No necesitas la paz ni el romanticismo cuando lo que tienes aquí vale mucho más. —Posaste tu mano en mi mejilla—. Solo tiene que ser como tú, único. —Secaste una lágrima que corría por mi mejilla—. El temor que tienes en dejar conocer hasta tu pensamiento más cercano es lo que demuestra que nunca escribiste con él. —Me presionó un poco el pecho dándome a entender a qué se refería—. Por eso te frustras intentando expresar lo que necesitas, porque dejas que el temor no manifieste tu oscuridad. —Me limpiaste otra lágrima—. Haz llorar a tus letras como rota tengas el alma porque, mi amor, está destrozada.

# CRUDA REALIDAD

A ella nunca le gustaron las rosas,
por eso,
cuando se emocionó con la primera
que le regaló,
sabía que le iba a doler
esa espina
al quitársela
y, en aquel momento,
se dio cuenta de que
aquella espina
se apoderó de su tacto
y la hizo débil ante este.
Débil amante
de una espina
que sabía a dolor
y a temor,
que le causaría extirpar
a esta
de su corazón.

# CULPA

Muchas veces me exculpo de mis delitos.
Pero ahora me siento culpable.
Tengo la culpa de olvidarme de tu nombre
cuando me acuesto en otras camas.
También tengo la culpa de amanecer en otra cama
sin ti.
Soy culpable de romper nuestra promesa.
No me arrepiento de mis pecados.
Pero te pido perdón
porque me mata la culpa.

# DESEO

Me he corrido mil veces pensando en mí misma.
Pero no veo punto de comparación a sentir tus manos en mis
muslos
y no poder pensar en otra cosa que en ti
cuando estoy deseando correrme.

# DE TRIPAS CORAZÓN

Jamás sabré si en realidad todo lo hice por amor.
¿Me destrocé por amor?
¿Sufrí por amor?
¿Me ilusioné por amor?
¿Viví por él?
¿Acaso él vivió por mí?
¿Aunque solo fuera un poco?
Pero lo que más me aterra preguntarme siempre es:
¿en serio me dejé morir por algo que no merecía ni el latido de
mi corazón?

# DIARIO

10 de noviembre,
la ausencia me consume,
tu ausencia me consume.
Debo acostumbrarme
a tu costumbre
de aparecer en mis sueños
como el que anhela los besos,
como que extraño tus caricias.
10 de diciembre,
anoche volví a soñar contigo,
pero hoy ya
no me dueles.

# DROGADA

Y si morir de drogas se trata, te elijo a ti. Nunca una me había dejado tan (des)colocada.

# ELECCIÓN

Viviéramos de lo que vivamos,
jamás podría preferir matarme con alguien
que a tu lado.

# ENTRE SÁBANAS

Viviendo, amor, todas aquellas cosas que no hice por quedarme enredada en las sábanas contigo, amor; deshaciendo todas las veces que me dejé enredar por ti, por mi locura, amor, todo el tiempo. Tuviste que ver cómo acabé odiándote, amor, mientras me desenredaba de las sábanas, huyendo de ti, amor, y luego ver que por vivir sin ti, amor, volví a caer en tus sábanas para no volver a levantar cabeza. Amor, hazme un favor: conviértete en odio y córreme.

# ENTRE SOL Y LUNA

Te estuve esperando
todas las noches.
Cuando se escondía el sol
y mientras la luna me hacía compañía,
lloraba
confiando en que aparecieras
para acostarte a mi lado,
y cuando la luna me abandonada,
me giraba
para saber si estabas ahí,
pero tú nunca estabas aquí.
Entonces, el sol secaba mis lágrimas
y dejé de esperar.
Dejé de temer
a la soledad
al dormir
y dejé de esperarte
dejando de girarme para encontrarte,
sabiendo que no estabas
y que no volverías.
Pensé que te había olvidado.
Pero
todo cambió
el día en que,
entre dolores de cabeza y recuerdos borrosos de la luna,
no amanecí sola.
Entonces, entendí
que no temía dormir sola
porque me aterró amanecer acompañada,
*¿con quién?*

Solo sé que me haces falta.
*¿Por qué?*
Te sigo esperando…

# EN TU MEMORIA

Salió el sol
y me juré a mí misma jamás volverlo a ver.
Solo lo observo cuando quiero pensar en ti.
Te encantaban las puestas de sol.
Desde entonces, solo vivo de noche
y duermo cuando sale el sol.
Pero hoy lo vi salir.
Y te juro que no vi otro momento más perfecto
para cortarme las venas.

# ESCALOFRÍOS

Con la respiración agitada,
entre labios,
roces
y cuerpos.
Sintiéndonos únicos en todo un universo,
sumidos bajo un placer superior,
a nosotros mismos,
jadeando ante cada toque,
estremecerme entre mordiscos,
provocándome gozar
mientras sueltas la piel
entre tus dientes.
Y qué sentimiento se compararía jamás
a que me desees
deseándote,
queriendo más,
llegando a sensaciones indescriptibles.
Mis piernas tiemblan
ante tu mirada
lujuriosa,
irradiando calor,
como nuestros cuerpos,
sudados ante tales actos.
Pareciera que toco el cielo
mientras con mis manos
recorro tu cuerpo
desnudo,
sudando,
húmedo

ante mí
para hacer que corras
de placer.
Y sufro por complacerte
mientras me deleitas con tus dedos
para, al final de todo esto,
llegar a un éxtasis,
una electricidad recorrida
por cada célula.

# ESCONDIDA

¿Y qué escondes?
¿Qué escondes tras esos dientes?
Esos dientes que enseñas
tras tus labios tornándose hacia arriba,
pero no van más arriba de ahí,
ya que, en tus ojos,
parecen cerrados
a ser mirados.
Entonces, dime,
¿qué escondes?
¿Por qué no dejas ver más allá?
Los ojos son el reflejo del alma,
y en los tuyos no veo fulgor,
pero aún no entiendo
¿qué pretendes esconder?
¿Tan rota estás? ¿Como para dejar que nadie vea tu alma?
Porque tus dientes no reflejan tu alma,
pero en tus ojos solo se ven fragmentos
para quien intenta entrar.
¿Por qué no dejas entrar?
¿Quién rompió aquellos ojos?
¿Dejaste entrar a alguien alguna vez?
Porque yo quiero entrar,
porque me intriga saber
qué escondes siempre tras esos dientes.
¿Por qué constantemente sonríes?
Dime,
¿qué escondes?

# ESCRITOS

He leído novelas sobre amor
y sobre desamor;
he escrito unas cuantas.
Todas hablan con creces
de las mariposas en el estómago.
O de los temblores en las piernas.
O de las ganas de romper con los esquemas
por unos labios,
unos ojos,
una vida…
y no lo desmiento.
Podría romper mil veces en llanto
con tal de no sentir su sabor
sobre mis labios
una vez más.

# ESPEJISMOS

¿Hola?
¿Por qué no me respondes?
Te he visto besándome hace un momento.
¿Dónde estás ahora?
No puedes haberte ido tan rápido.
Estabas a mi lado.
Vuelve, por favor,
aún te necesito.
Eras el amor de mi vida.
Pero qué ilusa soy.
Solo eras otro espejismo.
Te echo de menos.
Ojalá no te hubiera pasado a ti.

# ESTACIONES

Sinuoso.
Que cae de árbol
como si de hoja marchita tratase,
como cuando llega el otoño
y todo es seco
sin darte cuenta.
Es como cuando
acaban los últimos rayos de verano
y llega el invierno.
Frío.
Y así es
cómo tú,
¿cómo tú?,
te cuelas en mí,
como estación que llega
y avisa sin avisar.
Eso causas en mí.
El rayo de luz
que indica
que cualquier tormenta puede empezar
sin avisar.
Así
me enamoré de ti.

# ESTERNOCLEIDOMASTOIDEO

Me enseñaron muchas cosas.
Aprendí pocas de ellas.
Me quedé con
*esternocleidomastoideo*.
Y dime para qué,
si cuando me rompas el cuello
con las manos
no me dará ni tiempo
a pensar exactamente
todo lo que me destrozas.
Pensaré en que me destrozaste.
Y destrozarme
el corazón
me parece más agónico
que aprender palabras
que jamás llegaré a pronunciar.

# EXAMEN

Nos han enseñado tantos conceptos en la vida.
Yo he aplicado unos cuantos,
sería innegable no admitirlo.
Pero también he olvidado otros,
y para ser sincera,
así,
entre tú y yo,
entre yo y tú,
los conceptos,
para las cosas con sentido.
En la vida
es mejor no aplicar teoría.

# EXISTENCIA

Y si no le hacemos caso al corazón,
¿de qué sirve que nos mantenga vivos?

# EXTINCIÓN

Y murieron.
Todos moriremos.
De algún modo,
todos estamos muertos.
Por dentro,
muy al fondo,
lo encontrarás.
Se llama corazón.
Algunos lo tienen sobrevalorado.
Otros lo rompen a pedazos.
Y la gente como yo,
¿qué hace la gente como yo?
Quiero seguir viva,
no quiero estar muerta
como vosotros.
Seres sin sentimientos,
vais a acabar con ellos.
Ya casi no quedan.
Vais a acabar con los de mi especie,
vais a extinguirla.
Por favor,
sentid un poquito,
a lo mejor así
no desapareceremos.

# FELIZ

Feliz.
Felicidad,
felicidades
por enseñarme
que debo aprender
a conseguirla
por mi propia cuenta.

# FÍSICA Y QUÍMICA

Sus manos recorrían cada centímetro de su pequeña existencia.
Jadeos volaban entre cada separación de ambos labios.
Lengua alrededor de lengua.
Escalofríos recorriéndolos desde la parte baja de la espalda,
sintiéndose más unidos que en cualquier otra circunstancia
física.
Química,
de eso se trataba,
era una reacción química entre ambos físicos.
Desnudándose como si fuera de ello
de lo que trataba su vida;
su único pensamiento
era el deseo.
Y desearse se volvería perdición.
La perdición de dos almas que, en ese instante, sentían
necesidad de otro cuerpo.
De su cuerpo.
Comenzó a entrar en ella lentamente,
agónicamente.
Calor sintieron ambos al unirse de tal manera.
Solo se trataba de dos cuerpos hundidos en el otro;
en cada embestida,
un gemido salía de unos labios.
Llenos de lujuria,
olvidando todo sentimiento.
Se follaron como si no hubiera un mañana.

Y después de correrse,
correrían mañana
soñando,
deseando
que hubiera sido una pesadilla.
Pero mañana repetirían.
Pues jamás se sintieron tan vivos
como cuando les llegó
*la petite mort.*
Aquel orgasmo
que desató cualquier intento de cordura.
Pero cuerdos
follaban mejor.
Almas,
sus almas se volvieron devotas al otro cuerpo.
Olvidando cualquier otro pensamiento.
Follaron más de mil veces,
pero jamás olvidarían el desengaño
de la primera vez
que hicieron el amor.

# FUGAZMENTE

La inocencia dejó de ser mi fuerte hace tiempo.
El brillo de las estrellas
en mí
perdieron la magia,
se esfumó toda parte de empatía
en mi alma
y, aun así,
de la oscuridad más recóndita de mi ser
deseé tus grandes promesas
como estrella fugaz,
tú,
que pasa,
y caí en un abismo sin fin,
y la inocencia de una niña
que mira las estrellas con ilusión
se posó en mis hombros,
y la magia de las estrellas,
pero tú,
estrella fugaz,
desapareciste de mi vista.
¿Cuán fugaz puede ser?
¿Por qué se posa en el corazón?
¿Hay sentimiento más agónico?
¿Cuál es tu nombre?
¿Así se siente el flechazo?
Entiendo por qué lo llamaron así,
flechazo,
porque atraviesa el alma,

y te deja el corazón hecho añicos
y lo único que deseas
es saber su nombre.
Mi estrella fugaz,
te pediré de deseo.

# HOJAS DE PAPEL

Ella se enamoró de los libros,
los amó.
Toda historia de amor contada
le parecía
como si ella
solo pudiera sentir aquello cuando leía.
La poesía,
en eso encontró él tal sentimiento
como el amor,
cada verso
y prosa,
rima consonante,
incluso asonante.
Ambos se enamoraron de hojas de papel
hasta que ella posó su vista
en el amor por su poesía
y él
se dio cuenta
de que no había poesía comparada
con observar sus ojos
mientras leía.

# (in)HUMANA

Sus mejillas ruborizadas,
sus ojos brillosos.
Cuál belleza desató ante pobre mortal.
¿Qué belleza pudo enloquecer a tanto mortal?
Mas, una joya tan pura
jamás será digna
de simple mortal.
Unos labios rosados,
deseados
de ser besados.
Jamás cumplido
tal deseo
por algún mortal.
Mas qué divinidad
no caería
ante las fechorías
del poder amar.
¿Y cómo
lo inalcanzable
se alcanza
si se sabe amar?

# ILUSIÓN

Siempre soñé con nosotros.
Que te quedarías toda la vida.
Al menos, toda la mía;
la tuya, no lo sé.
No puedo decidir sobre tu vida,
pero quédate un ratito más,
que fuera hace frío
y creo que va a empezar a llover
de mis ojos.
Quédate toda mi vida;
de la tuya ya hablamos luego.
Luego abro los ojos
y te veo irte.
Te vas corriendo
después de correrte
y yo solo puedo pensar
las veces que nos corremos el uno al otro
y las corridas que volveremos a compartir.
Por eso sueño que te quedas.
Es menos doloroso ilusionarme por que algún día te quedaras
a asimilar que nunca lo intentarás.

# INSUMISA

Tuviste mi mundo en tus manos
el mismo tiempo que tardaste
en correr(te),
pues amor, precoz,
jamás fui tuya,
pero tú
siempre estarás a mis pies.
Concretando distancias,
intentando complacerme
con tu sucia lengua.

# JUEVES A LAS 18:00

Suele llevar las uñas mal pintadas.
Le pasa por rascarse el pecho
intentando llegarse al corazón.
Lo intenta para ver si sigue ahí.
Para saber si aún no lo ha perdido,
como la cabeza.
Se ha tirado tantas veces del pelo,
que se ha contado todos los que tiene en la cabeza.
Los ha atado en forma de cuerda
y los ha atado a una viga.
La mira detenidamente
cada jueves a las seis de la tarde.
Se prepara un té,
se pone su mejor vestido
y su canción favorita.
Se sienta frente a ella
con una silla.
Luego, se pone de pie sobre ella.
Se acaricia el pelo
y se toca el pecho.
Lleva las uñas mal pintadas
desde que se la encontraron allí.
Aquel jueves a las seis de la tarde.
Llevaba su mejor vestido y su té estaba frío.
Su canción estaba en única reproducción.
Dejó escrito:
«Ojalá pudiera regalarte mi corazón,
pero puede que, para cuando lo encuentres,
ya no lata ni por mí».

# KRONO

Tiempo.
Una manecilla que gira sin rumbo
en dirección a unos números.
Que para muchos pueden ser eternos.
Y, para otros, demasiado efímero.
Tu ritmo favorito siempre fue
«Tic tac»,
y para muchos,
el sonido más espeluznante.
¿Y tiempo?
Todos preguntan por ti.
¿Qué significado tienes para al que se le acaba?
¿Y por qué tanto significas para los que todavía tienen?
Tiempo,
sí, tú.
Efímero
y
eterno.
Temido
y
adorado.
Poseído
y
arrebatado.
Porque en esta vida,
si algo nos falta,
siempre es el tiempo.
Y a todos nos sobran las ganas de tenerte un rato más.

# LA CAMISA

Esto es solo la triste historia de una camisa mojada puesta en
diferentes hombros.
En los de ella llueve de noche
sabiendo a sal,
a tristeza,
a ausencia.
En los de él llovía en momentos de lujuria
sabiendo a pasión,
deseo,
a ella.
Ella deja que llueva sobre esa camisa porque le recuerda a todas
las veces que, puesta en él, la hizo llover.

# MELODÍA

Eras mi canción favorita,
de esas que pones
siempre y de las que
no quieres que acaben nunca.
Llenabas todos mis sentidos,
abordabas mis oídos
y te colabas hasta en la última célula de mi piel.
Al final,
lo he acabado aborreciendo.
Y te odio.
Ahora suenas en todos lados,
en cada recoveco de mi cabeza.
Llegas en el peor momento.
Y me doy cuenta
de que recuerdo cada frase
y cada estrofa,
verso,
rima,
palabra,
incluidos los acordes.
Y caigo en la conclusión
de que la echaba más de menos de lo que creía.

# MIS TORMENTAS

Me atosigan
las tormentas de recuerdos
de tus labios en mi cuerpo.
Si siempre odié las tormentas,
imagínate de tu recuerdo.
Solo torturan
mis mejores momentos.
Cuando una nube cubre
un día de verano,
trae a mi memoria
cuando me cubrías
en los días de frío.
Mierda,
qué castigo es
tener en memoria tus
momentos,
sabiendo
que hasta que no apacigüe
mis miedos
de acabar con la pena,
tú
jamás descansarás en paz.

# MOVIMIENTOS

Entre susurros
recorre
cada centímetro,
milímetro,
de mi clavícula.
Yo,
deseosa de
correr;
él,
sin prisas,
matando el placer.

# MUCHOS SINSENTIDOS

No necesito sentir arte para serlo
ni serlo para sentirla,
pero siento para hacerla,
pues arte sin sentir
es un sinsentido
lleno de ser
y poco arte.

# PARADOJA

¿Qué hubiera pasado
si Zeus no hubiera sido tan capullo?
A lo mejor Hera se hubiera ahorrado un montón de intentos de
homicidio,
a lo mejor hubiera aceptado a Heracles.
Si el dios del trueno siempre fue más cabrón que digno,
¿por qué llamamos dioses a las personas más atractivas?
A lo mejor por eso se dice que los guapos siempre son capullos.
Hades vivió envidiando el Olimpo,
nunca se le creyó digno de confianza,
pero se le dio un reino entero:
el inframundo.
Qué paradójica que es la mitología.
Tantos dioses enredados entre ellos.
Que la mujer más sexual del mundo
nació de unos testículos tirados al mar.
Engañó a su esposo
con el dios de la guerra,
Ares.
Qué paradoja.
Siempre en la sombra de una mujer.
Atenea siempre le ganó en astucia;
a pesar de ser mujer,
venció a un hombre.
Y cuando nos preguntamos cuál es la mujer más bella,
pobre Paris, desató una guerra
por dejar que Afrodita lo enredara en su trampa del amor.
Yo hubiera elegido a Atenea.

La sabiduría nunca está de más,
pero hombre,
que el amor
desató una guerra.
El amor mueve montañas, se dice.
En este caso, movió tropas.
Gran paradoja.
Que del amor
a la guerra
siempre habrá un paso.

# PERDÓNAME

Y si te busco
y no te encuentro,
quiero que sepas
que lo intenté.
Y devastada,
entre sollozos,
me preguntaré:
«¿Qué me pasó
como para perderme
el alma
por unos labios
que jamás
me correspondieron un beso?».

# PERTURBADA

En ocasiones, susurro tu nombre.
En ocasiones, me respondes.
Muchos piensan que estoy loca.
Mas ellos no te escucharon gritar como yo.
Y aquí estoy,
encerrada
esperando a que vuelvas,
mientras otros esperan que recupere la cabeza
y entienda
que aquel día
tú moriste.
Pero me niego.
Ya que, el día que me vuelva cuerda
y no escuche tu voz,
seré yo la que se cuelgue de una.

# PREGUNTA RETÓRICA

Quién desearía un amor de novela teniendo la certeza de unos labios que observan cada esencia de otro ser, de un amor real, de esos que, en las novelas, serían insignificantes, pero debajo de la mirada de unos ojos que te miran sin prudencia las partes más íntimas del amor, su amor, cualquier novela sería insignificante. Pues en las novelas se enseña un amor lleno de lujuria y pasión. Un amor soñado. Pero todos desean un amor que mire con asombro cada insignificante parte de nuestro ser. O no.

# PROSA ESCRITA

Ella siempre fue poesía,
y a él siempre le gustó escribirla.
Ella
era una poesía delicada de leer
y entender;
que, al leerla,
sin problema,
podías acabar en lágrimas.
A él,
en cambio,
le gustaba escribir amor
sin tapujos,
de esos que te llenan el alma
con solo leerlo.
Siempre que se unían,
eran una guerra constante
entre cuerpos
y almas.
Que gritaban amor entre sollozos
y sollozaban haciendo amor.
Él
escribió sobre ella
de amor.
Y ella
le enseñó que,
hasta el mayor amor escrito,
por mejor rima que tenga,
siempre acaba en llanto.

Porque ella
siempre será triste poesía,
y él,
ahora,
solo será un roto escritor.

# RETOS

Era tan sencillo quererte.
Pero nunca me gustaron las cosas sencillas.
Odiarte
fue el mayor reto que me propuse a mí misma
y, aun así,
preferí lo sencillo de no hacerlo
que arriesgarme a perderte por el resto de mis días.

# ROJO

El color de la pasión,
el rojo.
Rosas rojas
para los enamorados.
La pasión,
como sus espinas,
se clavan.
Luego, escuecen un tiempo;
poco después,
acabas arrancándola.
Lo que brota,
rojo.
Sangre roja
para los heridos.
Dime por qué
me regalas algo
que acabará causando dolor.

# ROTA

¿Qué hago yo con un sentimiento que atisbe en mi pecho y no
me deja respirar en paz?
¿Que no me deja pensar con tranquilidad?
¿Con el que ya no puedo ni siquiera pensar en conciliar
el sueño
alguna vez más?
Los sentidos se me abruman pensando en él.
Las mejillas se me empapan cuanto siento por él.
¿Pero qué siento?
¿Cuánto te importa?
Te da igual tenerme noches en vela
o días seguidos durmiendo,
exhausta,
de pensar en lo que abrumas mi corazón.
¿Qué te he hecho yo?
Y lo más importante,
¿por qué culpo a algo ajeno?
Si la verdadera culpa la tengo yo.
Tú no puedes verlo,
yo no puedo dejar de sentirlo.
Juntos podríamos hacer el acorde perfecto.
Yo me mato lentamente cada noche
mientras tú me robas un pedazo de cama.
Y así,
al final de cada día
y al principio de este,
pueda preguntarte:
¿qué me estás rompiendo?

# SAQUEO

En milésimas de segundo puedes arrebatarme todo aquello que
siempre creí tener.
A ti.

# SINCERIDAD

«Si amas, debes dejar ir».
Ten los cojones suficientes.
Confiesa que no quieres luchar más.
Admite que se acabó.
Sé sincero,
ya no me quieres.

# SUPÉRATE

Desenamorarse duele.
Ver cómo se enamora de alguien más
te mata.
Ver felicidad
da rabia.
Te llenas de toxicidades,
con las cuales no puedes,
yo sé que no.
Me cuesta respirar.
No busques más allá del dolor.
Elimina tus toxinas.
Purifícarte.
No busques hombro ajeno en el que llorar.
Saborea el dolor,
exprímelo,
así,
como aquellos capullos que extirparon tus lágrimas.
Un poco más.
Ahora, bébelo.
Después de tanto llorar,
debes hidratarte.
Con qué mejor que con un trocito de tu alma.

# SUPLÍCAME

Te observo detenidamente
mientras te mueves
al ritmo de un estruendo.
Luego, reacciono,
como siempre, tarde;
que si te estabas moviendo
fue al sollozarme mil veces
que me quedara.
Entonces, me di cuenta de que lo único que te observó
fue mi alma.

# SUSURROS

—Destellos, en el abismo más oscuro —dije mirando hacia delante—. Tus ojos —concluí.

—¿Perdón? —Pusiste cara confusa.

Solo pude negar la cabeza mientras reía. Luego, posé mis ojos en los tuyos.

—Solo estaba pensando.

—¿En mis ojos? —dijiste mientras sonreías inocente.

—No. —Paré un momento observando tu reaccionar. Apartaste tus ojos de los míos intentando posarlos en otra parte—. Sigue mirándome —supliqué. Volviste a posarlos en mí—. ¿Qué piensas de mí? —Tu expresión cambió.

—¿Cómo? —Te pausaste un segundo mientras tu boca quedaba entreabierta. Pude notar el nerviosismo en ti. Tus ojos reflejaban tristeza, como si no quisieras contestar—. Um, creo que, cuando te observo, solo veo tinieblas. —Tus ojos se apenaron, como si sintieras pena por mí—. Lo siento. —Cerraste los ojos por un momento, pero se sintió eterno.

—No te disculpes, y no te compadezcas de mis penumbras. —Me acerqué lentamente a ti, sin apartar mi mirada de tus ojos—. Cuando te apenas, desaparece tu brillo. —Paré justo enfrente de ti—. Y es lo único que me saca de mis tinieblas —susurré.

# TE QUIERO

Susurraría gritando que te quiero.
Pero no muy alto.
Qué más da gritarlo,
si gimiendo no vas a entender
los susurros que salen
de mis labios.
Entumecidos, sintiendo
como nunca
las ganas de gritarte
que lo hago.
Pero solo puedo susurrártelo.
Tengo miedo de que me oigan
fuera de estas cuatro paredes.
Mejor aún.
Se lo diré a la almohada.
Dame la vuelta para sentirte mejor.

# TIROS

Un cigarro entre mis labios.
Una promesa saliendo de los tuyos.
Me atragante con el humo,
pues las promesas no se tiran como balas.
Las tuyas me mataron como una.

# TRAICIÓN

Siempre sostuve tu mano
para que no cayeras
al vacío.
Y puse la mía
al fuego
jurando que harías
lo mismo por mí.
Debió acabar en ceniza
porque el día
que debías
sostenerla
conocí aquel vacío
del que tantas veces
te salvé.

# VENA

Últimamente,
la inspiración brota en mí.
Desde dentro,
detrás de las cotillas.
Me llenas el corazón
con tu filo.
Y ahora, pregunto:
¿eres, amor, merecedor de mi vida?

# VOCES

—Sh. Que no oigo.
—¿Qué intentas oír?
—Las voces.
—No hay nadie.
—Sí lo hay.
—Que no.
—Cállate.
—¿Me puedes decir qué escuchas?
—No.
—¿Por qué?
—Si no te callas, yo tampoco lo sabré.
—Te has vuelto loca.
—Cariño, estoy muerta.
—Y yo nunca te quise.
—Deja de atormentarte.
—¿Qué pretendes hacer?
—¿Sigues pensando que es una broma?
—Es que lo es.
—Abre los ojos.
—No quiero.
—¿Por qué?
—Porque entonces solo veré tu cadáver. Prefiero que me sigas mandando a callar.

# ¿Y A QUIÉN?

Aturdida.
Me dejaste
mirando unos labios que no me corresponden,
observando unos ojos
que a mí
jamás me mirarían.
Me quedé aturdida
observando como,
aunque me dijeras «Te quiero»,
jamás me lo estarías diciendo a mí.

# ZOMBI

No siento la necesidad
de necesitarte.
Pero siento que te necesito
para vivir.
Pero ¿cómo puedes vivir
necesitando a alguien
que te mata?
Ya no tengo sentimientos,
los esquemas están rotos.
Vivo muerta,
muerta en vida.
Mi vida.
Jamás me sentí
más viva,
solo porque tú
no me la estás quitando.
Vida mía.
Púdrete, necesidad.
Prefiero respirar en paz.
Prefiero sentirme muerta
que estarlo.

# ZUMBIDOS

Estupefactos ante unos cuerpos.
Que no acarician,
que no miman.
Adictos al dolor que emana.
Escondiéndonos tras unas sombras
frías.
Añoramos el calor humano
y nos encerramos en unas pantallas.
Mostrando quiénes no somos.
Sintiéndonos más nosotros que nunca.
Este es el fin de nuestra era.
Evolucionad.
Nos decían.
Lo único que hemos aprendido
es a escondernos.
Y dime tú
ahora,
dímelo,
cuándo entenderás
que mil «Te quiero» en mensajes de texto
no se compararán nunca
con un abrazo
sin escondernos tras unas teclas.
Que estamos acabados.
Es el final del último apocalipsis.
Te echaré de menos,
amor.

# Índice